DE LA QUESTION

DES REPRISES

DE LA FEMME MARIÉE.

SOLUTION NOUVELLE.

Paris.—Imprimerie de Cosse et J. Dumaine, rue Christine, 2.

DE LA QUESTION

DES REPRISES

DE LA

FEMME MARIÉE.

SOLUTION NOUVELLE.

PAR A. VAVASSEUR.

Il faut prendre garde de la liberté qu'on a d'imposer des noms, en donnant le même nom à deux choses différentes.

PASCAL.

La communauté est le genre, et la société l'espèce.

TROPLONG.

PARIS,
IMPRIMERIE ET LIBRAIRIE GÉNÉRALE DE JURISPRUDENCE
COSSE, IMPRIMEUR-ÉDITEUR,
Libraire de l'Ordre des Avocats à la Cour de cassation,
Place Dauphine, 27.

1854

DE LA QUESTION DES REPRISES

DE LA

FEMME MARIÉE.

Une des questions les plus vivement controversées aujourd'hui est assurément celle de savoir à quel titre doivent s'exercer les reprises de la femme commune en biens.

Est-ce à titre de copropriété ou à titre de créance? Et, dans tous les cas, la femme doit-elle être préférée aux créanciers de la communauté?

Déterminons d'abord avec précision quelle est la signification du mot *communauté*: car la logomachie est une des causes d'erreur les plus fréquentes, et c'est avec l'autorité de sa haute raison que Pascal dit dans ses *Pensées*: « Il faut prendre garde qu'on « n'abuse de la liberté qu'on a d'imposer des noms « en donnant le même nom à deux choses diffé- « rentes. »

Que faut-il donc entendre par *communauté*, *masse commune ?*

Est-ce l'ensemble des biens soumis à l'administration du mari, sous la seule exception des biens propres des époux, réellement existant en nature?

N'est-ce, au contraire, dans cette masse générale,

comprenant souvent la fortune tout entière des époux, si elle est de nature mobilière et fongible, que cette portion qui subsiste après défalcation des reprises?

En d'autres termes, la communauté est-elle la masse brute ou la masse nette? Il est entendu que, par masse nette, nous voulons dire la masse dégagée des prélèvements personnels des époux seulement, et non des dettes communes.

Nous jetons les yeux sur le Code civil, section de la communauté réduite aux acquêts, et nous y lisons qu'elle se compose « des acquêts faits par les époux « ensemble ou séparément durant le mariage, et « provenant tant de l'industrie commune que des « économies faites sur les fruits et revenus des biens « des deux époux. »

C'est cette communauté restreinte que le Code, en traitant du régime dotal, appelle plus justement *société d'acquêts*.

Or cette communauté ou société d'acquêts se personnifie, de l'aveu presque unanime des auteurs, dans un être moral, distinct de la personne des époux, susceptible de posséder et de devoir. Il possède en effet, à titre de véritable propriétaire, tout ce qui provient de l'industrie commune et des économies ; mais là se borne son domaine. Si les économies réalisées, les bénéfices acquis viennent à se confondre, ce qui arrivera le plus souvent, avec des capitaux personnels aux époux, recouvrés pendant la société et non replacés à leur nom, il existera alors une indivision, une copropriété entre trois personnes : l'être moral société, et les deux époux.

En raison pure, et abstraction faite de toute théorie juridique, pourquoi donc l'une de ces trois personnes serait-elle, à l'exclusion des deux autres, seule propriétaire de toute la masse? Pourquoi la société d'acquêts plutôt que le mari? S'il y avait nécessité que la propriété indivise fût concentrée dans les mains d'un seul, n'est-ce pas le mari qui devrait être préféré? Toullier, et après lui MM. Championnière et Rigaud, ont été de ce dernier avis, que nous ne saurions partager davantage; car il n'y a vraiment aucun motif sérieux d'attribuer à un seul ce qui est à trois. Ce serait accomplir en quelque sorte une spoliation inexplicable et inutile, sinon pleine de périls.

Prenons un exemple saillant : une société d'acquêts est établie entre deux époux qui ont chacun 100,000 francs de fortune en argent; ces fonds ne reçoivent aucun emploi spécial, et sont confondus bientôt avec quelques bénéfices réalisés dans l'industrie commune, soit 10,000 francs. — La raison, le simple bon sens, peuvent-ils admettre que cette société d'acquêts, dont l'avoir réel se borne à 10,000 francs, soit en réalité, par je ne sais quelle fiction mystérieuse, propriétaire des 210,000 francs? Allons plus loin : la société n'a pas réalisé de bénéfices : sera-t-elle donc encore propriétaire des 200,000 francs que les époux se sont réservés propres?

C'est en vain que nous cherchons où serait le fondement de cet étrange privilége. Ses défenseurs ne manqueront pas d'invoquer les principes anciens et modernes; ils rappelleront la clause de réalisation, la controverse à laquelle elle a donné lieu, l'opinion de Pothier, soutenant que la communauté accaparait même la propriété des créances réalisées, de sorte qu'il ne restait à l'époux qu'une reprise égale contre la communauté; ils citeront mille textes des coutumes ou de notre Code civil, dans lesquels reviennent sans cesse ces expressions : les sommes *versées, tombées dans la communauté.*

A tout cela la réponse est simple; elle se déduit d'elle-même de la signification du mot *communauté.*

A côté et au-dessus de la société d'acquêts, il y a, comme nous l'avons vu, une masse indivise, une copropriété entre trois personnes. L'existence de cette masse indivise constitue précisément une *communauté* de fait, mais sans personnification morale, et qui n'est autre chose que le quasi-contrat connu des Romains sous le nom de *communio.*

Cette communauté générale, qu'il faut soigneusement distinguer de la société d'acquêts ou de la communauté restreinte, est, disons-nous, purement de fait et accidentelle, puisque la confusion de valeurs qui y donne lieu est toujours volontaire, et pourrait être évitée par des emplois, au nom personnel de chaque époux, de ses valeurs propres.

M. Troplong, dans son *Traité des sociétés*, consacre un grand nombre de pages à établir une ligne de démarcation entre la communauté et la société, et il résume son opinion à ce sujet, en disant d'une manière aussi exacte que concise : « La commu- « nauté est le genre, et la société l'espèce » (tome 1er, n° 20).

C'est dans le même ordre d'idées que, par opposition à l'expression communauté, nous nous servirons du terme *société conjugale*, d'ailleurs si fréquemment employé par les auteurs.

A l'aide de cette distinction, il est facile de comprendre que des sommes soient versées dans la communauté, que des meubles estimés tombent dans la communauté, sans que cependant la société conjugale en soit propriétaire : toutes ces valeurs deviennent communes, c'est-à-dire simplement indivises.

Il en est de même des immeubles acquis pendant la communauté ; suivant l'art. 1401, ils font partie de la communauté, ce qui assurément ne signifie point que l'être moral en soit propriétaire.

L'erreur ne consiste donc pas à dire que les valeurs diverses, mobilières et immobilières, sont communes, ou font partie de la communauté, mais bien à dire qu'elles appartiennent à la communauté.

Cette erreur, il faut bien le reconnaître, a été singulièrement facilitée par ce fait que notre Code civil, et à son exemple les auteurs, ont traité longuement et avec détail de la communauté légale, où les reprises en général sont rares et peu importantes, et où il arrive souvent que l'être moral, à défaut de reprises, est propriétaire de la masse commune tout entière.

Mais sous ce régime, aussi bien que sous l'empire des diverses communautés conventionnelles, c'est toujours une copropriété qui s'établit, si des prix d'immeubles propres sont versés dans la masse, de sorte que la même distinction rationnelle doit avoir lieu dans tous les cas.

Quelle est donc la conséquence à tirer de la définition que nous proposons? C'est que la femme n'est pas, comme le soutiennent quelques auteurs, et M. Troplong à leur tête, créancière de la communauté, mais bien copropriétaire dans la masse indivise ; c'est que le mari, administrant cette masse à trois titres différents, en son nom personnel, au nom de sa femme dont il exerce les actions, et comme chef de la société conjugale, ne peut engager que ses biens et ceux de la communauté : d'où il résulte que les biens de la femme, confondus dans la masse indivise, ne peuvent être atteints que par ses propres obligations.

Après avoir démontré par le simple raisonnement que la société conjugale, pas plus que le mari ou la femme, ne pouvait monopoliser la propriété exclusive de la masse commune, nous nous demandons comment il serait possible de justifier juridiquement un pareil résultat.

Voudrait-on s'appuyer, au moyen de l'analogie, sur les principes de la société? Sans doute, la société, qui se personnifie toujours dans un être moral, sans distinguer, comme on l'a fait à tort, entre la société civile et la société commerciale, devient propriétaire des mises des associés, et la masse entière des biens répond des engagements sociaux vis-à-vis des tiers ; mais cet argument militerait précisément en notre faveur, car, dans la communauté conventionnelle, s'il y a une mise en communauté, elle devient aussi la propriété de la société conjugale, et à ce titre elle est affectée au paiement des dettes communes ; sous ce rapport la femme est une véritable commanditaire, et c'est ici que l'analogie est frappante. Mais de là à conclure que les valeurs exclues de la communauté doivent en faire partie, il y a un abîme infranchissable.

Notre système est d'ailleurs en parfaite harmonie avec les principes du Code civil, et, disons plus, avec son texte même, lorqu'il s'agit de règles importantes à poser. Qu'on lise en effet l'article 1468 : « Les époux rapportent à *la masse des biens*, etc. » ; et l'article 1470 : « *Sur la masse des biens* chaque « époux prélève, etc. » Ne s'agit-il pas là de la masse confondue, indivise, des biens personnels des époux et de ceux de la communauté ou société conjugale ? Et ne semble-t-il pas que le législateur ait évité à dessein de se servir de l'expression si usuelle et d'ailleurs théoriquement exacte, *la masse commune*, dans la crainte précisément qu'on ne confondît cette masse commune avec la masse sociale ?

Rapprochons maintenant, pour les commenter,

les divers articles du Code civil qui ont trait à la question.

Pour le cas d'acceptation de la communauté, ce sont les articles 1470, 1471 et 1483.

L'article 1470 indique l'objet des prélèvements à exercer par les époux avant le partage de l'actif.

L'article 1471 porte que les prélèvements de la femme ont lieu avant ceux du mari et s'exercent d'abord sur l'argent comptant, puis sur le mobilier et enfin sur les immeubles qu'elle-même choisit.

On veut expliquer ces articles en disant qu'ils règlent uniquement les rapports entre le mari et la femme, mais que vis-à-vis des tiers, les prélèvements ne peuvent s'opérer qu'après le paiement des dettes de la communauté, en vertu de l'adage : *Bona non intelliguntur, nisi ære alieno deducto.*

Cette explication a le tort d'être parfaitement inexacte comme le prouvent déjà, et matériellement, la distribution et le classement des chapitres. Ainsi, la rubrique sous laquelle sont placés les articles 1470 et 1471 (§ 1er de la section 5e) s'occupe uniquement du partage de l'actif; c'est le § 2 qui statue sur le passif. Cette division était logique et conforme à la nature des choses: une masse de biens existe, indivise entre le mari et la femme: la loi ne pouvait pas ordonner que, préalablement au partage, les dettes seraient payées par distraction sur cette masse, car, dans le passif, il peut se trouver des sommes non encore exigibles, des rentes perpétuelles ou viagères: de toute nécessité, il fallait donc régler d'abord le mode de partage de l'actif et le régler d'une manière absolue, aussi bien vis-à-vis des tiers qu'entre les époux, et c'est ce qui a eu lieu sous le § 1er.

L'adage: *Bona non intelliguntur*, etc., reçoit au surplus son application, en ce sens que, les prélèvements des époux opérés, il reste une masse de biens appartenant à la société conjugale, masse qui doit subir la déduction des dettes envers les tiers.

L'actif brut étant ainsi partagé séparément entre les époux, comment a-t-on pu soutenir qu'ils opéraient leurs prélèvements à titre de créanciers de la communauté ? Au moment où le partage a lieu, la communauté est dissoute, il n'y a plus d'être moral; les créanciers étrangers ont eux-mêmes cessé d'avoir pour débiteur cet être moral qui s'est évanoui, et a été remplacé par les époux, devenus débiteurs personnels dans la proportion fixée par le § 2. Les époux, à raison de leurs reprises, seraient donc créanciers d'eux-mêmes ! Cette idée répugne à la raison ; elle est démentie d'ailleurs, et par la rubrique du paragraphe, s'appliquant seulement au partage de l'actif, et par le droit de prélèvement en nature accordé aux époux; des créanciers ne sont pas admis à un partage en nature ; c'est un paiement qui leur est dû, et un paiement en argent.

M. Marcadé, tout en soutenant énergiquement le droit de copropriété de la femme à raison de ses reprises, ne la soustrait pas à l'atteinte du créancier de la communauté, attendu, suivant lui, que la femme ne reprend le bien que comme bien commun, et ce bien demeure dès lors le gage des créanciers de la communauté (sur l'art. 1470, n° 3).

Mais a-t-il remarqué que son opinion conduirait à ce singulier résultat, que la femme étant copropriétaire, ce qu'il admet, ne saurait avoir en même temps un droit de créance, et qu'ainsi, en cas d'insuffisance de l'actif, elle ne pourrait même plus concourir, au marc le franc avec les créanciers, à la répartition de cet actif? et c'est ce qu'il semble d'ailleurs reconnaître en disant que le bien prélevé par la femme demeure le gage des créanciers de la communauté.

Nous ne pouvons nous résoudre à penser que M. Marcadé accepte un tel résultat ; et d'autant moins que nous le verrons tout à l'heure, revenant aux vrais principes, à l'occasion de l'article 1483, reconnaître à la femme un droit de préférence sur les créanciers.

Il semble d'autant plus extraordinaire que M. Marcadé ait émis une telle idée, que déjà, sous l'article 1403, il s'appropriait l'opinion, citée par Pothier comme commençant à naître de son temps, et suivant laquelle « la succession du prédécédé doit « être considérée comme n'ayant jamais été proprié- « taire d'autres choses dans les biens de la commu- « nauté que de celles qui sont échues en son lot, le « surplus étant censé avoir *toujours appartenu* au « survivant qui avait les reprises à exercer ; que c'est « une suite de l'effet déclaratif et rétroactif que notre « jurisprudence donne au partage. »

Sous l'article 1476, il avait dit encore : « La fic-« tion de propriété exclusive du copartageant re-« monte évidemment au jour où le bien est entré « dans la communauté. » Et à son appui, il citait encore Pothier disant : « que la femme est censée avoir « acquis par le ministère de son mari pour le compte « d'elle seule les effets échus en son lot, et en avoir « été seule propriétaire depuis le temps des acquisi-« tions. »

Est-il rien de si concluant que l'aveu de cet effet rétroactif, et le commentaire si lucide qu'en donne Pothier? A quel instant le droit des créanciers aurait il pu s'asseoir, puisque le moment de l'acquisition par la communauté est aussi le moment de l'appropriation par la femme ?

M. Pont (1), dans un article publié par le *Journal du Notariat* (numéro de décembre 1853), admet pour la femme l'idée de copropriété, mais vis-à-vis du mari seulement, et non vis-à-vis des tiers. Cette distinction est assez difficile à saisir ; on ne peut guère à la fois être et n'être pas propriétaire : aussi, en dernière analyse, M. Pont paraît pencher pour l'opinion de M. Marcadé, que la femme exerce ses prélèvements à titre de copropriétaire, mais que les valeurs prélevées sont le gage des créanciers, ce qui amène le singulier et imprévu résultat que nous avons signalé.

(1) Auteur, avec M. Rodière, d'un *Traité du contrat de mariage* très-connu.

L'article 1483, en même temps qu'il s'oppose clairement à un tel résultat, va du reste nous donner la clef de la difficulté.

Nous avons vu que le § 1er de la section 5 s'occupe du partage de l'actif brut ; le paragraphe suivant, dans lequel se trouve l'art. 1483, détermine le sort du passif ; il règle dans quelle proportion les époux doivent contribuer entre eux au paiement de ce passif, et dans quelle proportion vis-à-vis des tiers.

En général, la femme, acceptant la communauté, est tenue des dettes pour moitié, mais une dérogation bien remarquable à cette règle est sanctionnée par l'art. 1483, ainsi conçu :

« La femme n'est tenue des dettes de la communauté, soit à l'égard du mari, soit à l'égard des « créanciers, *que jusqu'à concurrence de son émolument,* pourvu qu'il y ait eu bon et fidèle inventaire, et en rendant compte tant du contenu de « cet inventaire que de ce qui lui est échu par le « partage. »

Emolument signifie bénéfice ; personne ne le contestera sans doute. La femme ou ses héritiers ont-ils recueilli des bénéfices, ils seront tenus envers les créanciers jusqu'à concurrence de ces bénéfices ; c'est la limite maximum de leur obligation. Mais ont-ils des reprises à exercer, ils conserveront les valeurs de la communauté jusqu'à concurrence de ces reprises, qui, bien évidemment, ne constituent pas pour eux un bénéfice.

L'art. 1483 nous paraît trancher la question de la

manière la plus décisive. Il consacre d'ailleurs pour la femme un droit tellement irrécusable que M. Troplong, à défaut du droit de copropriété qu'il n'a pas voulu lui reconnaître, en fait découler l'existence d'un privilége.

M. Marcadé, sous ce même article (n° 3), s'exprime ainsi : « L'émolument de la femme ne comprend « pas, bien entendu, les sommes ou objets qu'elle a « prélevés en acquit des indemnités que la commu- « nauté lui devait, puisque ce n'est là que la reprise « de ce qui lui appartient, et non un avantage que « la communauté lui procure. »

C'est, comme on le voit, uue opinion nettement formulée, mais en complet désaccord avec celle professée sous l'art. 1470.

Du reste, il est singulièrement remarquable que cet art. 1483, si important par ses conséquences, ait été toujours négligé et, pour ainsi dire, oublié par la plupart des auteurs qui ont traité la question. Ainsi, M. Marcadé n'en fait aucune mention dans sa discussion sur le droit de la femme (art. 1470) ; M. Pont, dans le travail déjà cité, le passe complétement sous silence.

Cet article aurait-il donc pour but de régler une situation exceptionnelle ? Et M. Troplong, en le considérant comme une application pure et simple du droit commun, aurait-il donc commis, et nous à son exemple, une énorme méprise ?

On a assimilé sous certains rapports à l'héritier bénéficiaire la femme acceptant la communauté ; et spécialement, on a dit, ce qui est exact, qu'en l'absence d'opposition, elle était autorisée à payer les créanciers au fur et à mesure qu'ils se présentaient; comme, dans cette situation, on reconnaît unanimement à l'héritier bénéficiaire le droit de se payer de ses créances personnelles contre la succession, voudrait-on en conclure que la femme ne pourrait opérer ses prélèvements par préférence que dans le cas où aucun créancier n'aurait formé d'opposition?

De la part de ceux qui admettent avec nous que la femme a un droit de copropriété, une telle prétention ne serait pas soutenable un instant; elle ne le serait pas davantage de la part des partisans du droit de créance, car l'article est tellement formel, qu'il faudrait, dans ce cas, nécessairement reconnaître, avec M. Troplong, que la créance serait privilégiée.

On ne serait pas plus fondé à argumenter des derniers mots de l'article, portant que la femme doit rendre compte tant du contenu de l'inventaire que de ce qui lui est échu *par le partage*. Il en résulte, au contraire, que la loi a prévu les deux cas : si les créanciers se présentent avant le partage, la femme rendra compte du contenu à l'inventaire; si c'est après le partage, elle rendra compte alors de ce qui lui est échu, mais toujours jusqu'à concurrence de son émolument, c'est-à-dire en retenant ses reprises et indemnités.

Veut-on une dernière preuve que l'art. 1483 n'a

pas été édicté pour une position exceptionnelle? qu'on lise l'art. 228 de la coutume de Paris, dont il est tiré : « Le mari ne peut, par contrat ou obliga-« tion faite devant ou durant le mariage, obliger sa « femme, sans son consentement, *plus avant* que « jusqu'à la concurrence de ce qu'elle ou ses héri-« tiers *amendent* de la communauté, pourvu toute-« fois qu'après le décès de l'un des conjoints soit « fait loyal inventaire, et qu'il n'y ait fraude ni « faute de remport de la femme ou de ses héri-« tiers. »

Il n'est question là ni de créanciers opposants, ni de partage ; c'est une règle générale applicable à tous les cas.

Pourtant nous pensons que la femme n'a pas droit à un prélèvement privilégié à raison de l'indemnité des dettes qu'elle aurait contractées pour son mari ou la communauté ; elle n'a rien versé pour cet objet dans la masse, et conséquemment ne peut à ce propos en acquérir aucune part : elle est donc pour cette indemnité simplement créancière, sans privilége aucun. Le système contraire rendrait d'ailleurs trop facile un moyen de fraude signalé, avec raison, par M. Pont.

Voyons maintenant ce qui est réglé par le Code en cas de renonciation à la communauté.

Suivant l'art. 1493, la femme et ses héritiers ont le droit *de reprendre* le prix de ses immeubles aliénés et ses indemnités de toute nature.

Mais, l'article précédent portant que la femme

renonçante *perd tout droit* sur les biens de la communauté, on en a tiré cette fausse conséquence que le mari devenait par là même propriétaire de toute la masse indivise, et que la femme n'avait plus sur cette masse qu'un simple droit de créancière.

M. Troplong lui accorde *à fortiori* dans ce cas un privilége. Il est vrai qu'il se montre ainsi fidèle à son système; cependant nous ne pouvons apercevoir comment l'art. 1483, spécial à l'acceptation de la communauté, peut servir de base à un privilége dans le cas de renonciation.

Si, au contraire, on admet l'idée d'une masse indivise dans laquelle la femme a un droit de copropriété jusqu'à concurrence de ses reprises, tout s'explique et s'enchaîne. La femme renonçante *perd tout droit* sur les biens pouvant appartenir à la société conjugale, être moral; mais, pour déterminer quels sont ces biens, il lui faut auparavant *reprendre*, suivant la remarquable expression de l'art. 1493, c'est-à-dire prélever, comme en cas d'acceptation, le prix de ses immeubles aliénés et ses autres indemnités.

Cette conséquence est formellement reconnue par l'art. 1494, portant que la femme renonçante « est déchargée de toute contribution aux dettes de la communauté tant à l'égard du mari qu'à l'égard des créanciers. »

Mais, si les règles que nous venons d'établir sont incontestablement vraies en matière civile, il faut reconnaître, sans hésiter, que le législateur, en matière commerciale, y a apporté une dérogation importante et dont on paraît jusqu'ici n'avoir tenu aucun compte; ce qui est d'autant plus surprenant que cette dérogation, une fois reconnue, offre aux deux opinions opposées un moyen de conciliation parfaitement approprié à la nature des choses.

Le commerce vit de crédit, c'est-à-dire de confiance: la loi qui le régit a donc dû se préoccuper de sauvegarder, même au prix de quelques intérêts privés, la bonne foi publique; c'est dire que la protection due à la femme a dû céder, dans une certaine mesure, devant l'impérieuse nécessité de ménager et même d'augmenter les ressources du mari. Que serait devenu le crédit de celui-ci, avec la perspective d'une créancière privilégiée sur tout son avoir, pour une somme toujours indéterminée? On aurait vu se produire ce résultat signalé, dans la question des douanes, par les libres-échangistes, *la protection amenant une véritable prohibition*: c'était la ruine du commerce entier.

Aussi le législateur du Code de commerce se garde bien d'adopter les principes du Code civil; il savait que le crédit commercial s'établit sur cet avoir total en marchandises, meubles, créances, que le mari détient et gère au su et au vu de tous; que le passif, toujours à brève échéance, n'est la plupart du temps autre chose que le prix de ces marchandises elles-mêmes; que la signature, offerte et acceptée, est, dans l'intention, dans la volonté commune, garantie sur cette universalité de valeurs, sans distraction privilégiée.

Sa sollicitude pour les créanciers, et, comme conséquence forcée, sa sévérité pour la femme, furent poussées si loin, que l'ancien article 554 du Code de commerce refusait à la femme, sous quelque régime qu'elle fût mariée, fût-elle séparée de biens, les meubles qui auraient été reconnus lui appartenir ; il ne lui laissait que ses habits et linges, plus les bijoux, diamants et vaisselle constatés par inventaires authentiques.

Le nouvel article 560 s'est relâché de cette rigueur, en lui permettant de reprendre en nature tous les effets mobiliers dont l'identité serait constatée par de semblables inventaires.

C'est ainsi que l'hypothèque légale de la femme du commerçant, limitée autrefois aux seuls immeubles existant lors du mariage, a été étendue par la loi de 1838 à ceux advenant au mari à titre gratuit, les immeubles acquis à titre onéreux en demeurant toujours exceptés.

La position de la femme du commerçant, vis-à-vis des créanciers du mari ou de la communauté, est donc régie par des dispositions exceptionnelles qui ne laissent aucune place à l'idée de copropriété dans une masse commune ; il est bien évident que le législateur a voulu ici concentrer dans les mains d'un chef, comme moyen d'action plus puissant, toute la propriété commune, et qu'il s'est borné à donner à la femme un droit de créance, chirographaire sur le mobilier, et hypothécaire sur certains immeubles.

Cette exception au droit commun doit d'ailleurs être strictement restreinte au seul cas de faillite du mari.

Pour compléter cette discussion, il nous resterait à examiner diverses questions, fort importantes aussi, et qui se rattachent intimement à celle que nous venons de traiter; ainsi :

Quel est le sort des droits d'hypothèque et de gage conférés par le mari seul sur des immeubles ou des meubles, dont la femme, à la dissolution de la communauté, réclame le prélèvement en nature jusqu'à concurrence de ses reprises?

La femme a-t-elle, sur les conquêts de communauté échus au mari, une hypothèque légale primant les hypothèques émanant du mari seul?

Mais nous serions entraîné trop loin, et nous ajournons l'examen de ces questions, dont la solution d'ailleurs peut se pressentir par l'exposé de notre doctrine.

Terminons ce travail déjà trop long par quelques réflexions sur la portée de la nouvelle jurisprudence et sur les critiques qu'elle a soulevées.

M. Pont, dans l'article déjà cité du *Journal du Notariat*, met en avant diverses objections qui peuvent se résumer ainsi :

Au point de vue du passé, toutes les liquidations faites sous l'empire de l'ancienne jurisprudence peuvent être attaquées, comme viciées par une erreur de droit. Ce résultat, tout regrettable qu'il serait, n'autoriserait pas le maintien d'une pratique illégale ; mais d'ailleurs il ne nous paraît pas exact ; une erreur de droit peut être suffisante pour faire rescinder un acte comme l'a, il paraît, décidé la Cour de Paris le 16 août 1852, si cette erreur est vraiment certaine, évidente pour tous, mais non lorsqu'elle a lieu sur une question controversée, et la controverse ici n'existe pas depuis un ou deux ans, comme on semble le croire, mais depuis plus de vingt ans (Voir un arrêt de la Cour d'Angers du 2 décembre 1830).

Pourquoi l'erreur de droit sur une question controversée n'autoriserait-elle pas les tribunaux à rescinder un acte ? C'est par ce motif bien simple, qu'à raison même de la controverse, on ne sait pas, légalement parlant, où est l'erreur, où est la vérité. Sans doute *res judicata pro veritate habetur ;* mais cela n'est vrai que pour chaque espèce ; *les arrêts sont bons pour ceux qui les obtiennent.*

L'erreur ne serait donc légalement certaine que du jour où il interviendrait une loi interprétative, et, si pareille loi était rendue, elle n'aurait pas d'effet rétroactif, ce que le législateur aurait bien soin de déclarer.

Au point de vue de l'avenir, M. Pont aperçoit cette redoutable alternative : discrédit du mari, ou ruine probable de la femme, sans le concours de laquelle personne ne voudrait plus traiter.

Ici le débat s'agrandit et s'élève à la hauteur d'une question d'économie sociale et de philosophie. D'une part, les nécessités du crédit public, base de toute prospérité dans nos sociétés modernes, semblent réclamer un pouvoir de disposition absolu concentré dans les mains du mari ; mais, d'un autre côté, l'intérêt de la famille, l'état de subordination de la femme, exigent que la fortune de celle-ci soit protégée contre les fautes d'une administration à laquelle elle reste étrangère. De là deux principes en apparence inconciliables.

Nous serions trop heureux, si nous pouvions avoir trouvé leur conciliation dans la situation particulière que nous faisons à la femme du commerçant en cas de faillite du mari.

Rien de plus juste en effet que cette situation, impérieusement réclamée d'ailleurs par les besoins du commerce. N'est-ce pas le commerce et l'industrie qui puisent incessamment à toutes les sources du crédit et surtout du crédit personnel et chirographaire? Et par là même que ce crédit est dépourvu de toute garantie réelle, n'est-il pas équitable, n'est-il pas politique de lui offrir toute la sécurité possible en écartant soigneusement les fausses apparences qui pourraient l'éloigner? La femme, de son côté, ne peut se plaindre : en épousant un commerçant, elle pouvait, par les stipulations de son contrat de mariage, déterminer quelle portion de sa fortune elle consentait à confier aux hasards du commerce, et quelle portion elle voulait, au contraire, sauvegarder.

En dehors du commerce, on ne voit pas des exemples bien fréquents de prêts chirographaires, et, quand une dette pareille se contracte, il est rare que le concours solidaire de la femme ne soit pas demandé; sous ce rapport, la jurisprudence nouvelle apporterait donc peu de changement à l'état de choses actuel, et le double écueil signalé par M. Pont n'est pas à redouter. En effet, quand on n'est pas lancé dans le tourbillon du commerce, les affaires sont simples, peu nombreuses, faciles à connaître, et sont en réalité connues de la femme; si celle-ci consent à s'engager, ce sera donc en général à bon escient; si elle refuse, ce ne sera le plus souvent que pour mettre un frein aux désordres du mari. Il y aura des exceptions, soit, mais la loi ne peut régler que les événements ordinaires, le cours naturel des choses: *De eo quod plerùmque fit statuit lex.*

D'ailleurs, ce qui serait le plus à craindre, ce serait le trop facile entraînement de la femme; examinons donc la question à ce point de vue.

L'état social de la femme varie suivant le caractère et les mœurs de chaque peuple; il est marqué au coin des idées et de la civilisation de chaque époque; nous sommes loin du temps où la femme, suivant la rude expression du vieux droit romain, était dans la main, *in manu*, du mari maître souverain; la législation romaine fut d'ailleurs, à toutes ses phases, peu libérale pour la femme; à peine débarrassée des liens de la tutelle perpétuelle, celle-ci tomba sous la prohibition du sénatus-consulte velléien, qui la déclarait incapable, non pas comme *femme mariée*, mais comme femme, et à raison de la *faiblesse naturelle du sexe*, de contracter aucun engagement pour un tiers ; le sénatusconsulte velléien eut force de loi en France, dans certaines provinces, jusqu'à la Révolution. Le Code civil, suivant en cela l'exemple de la plupart des coutumes, vengea la femme de cette humiliante protection en lui donnant une capacité complète, sous la seule restriction de l'autorisation maritale, et sauf les prohibitions qu'elle peut librement s'imposer, quant à ses biens, par la loi du contrat de mariage.

Nous en sommes donc arrivés à ce point, et il a fallu des siècles pour cela, de reconnaître à la femme assez de maturité de jugement et de fermeté d'esprit pour lui permettre de contracter des engagements personnels ; on a ainsi constitué, en droit, sa personnalité civile, on l'a déclarée affranchie et majeure, en lui restituant ce libre arbitre que l'homme, jaloux auteur de la loi, lui avait si longtemps obstinément dénié. Laissons donc à la femme les avantages et les dangers de cette liberté ; qu'elle puisse choisir entre l'action ou l'abstention ; si elle manifeste sa volonté, en apposant sa signature à côté de celle de son mari, qu'elle soit responsable sur tous ses biens ; mais si, au contraire, elle s'abstient, qu'elle ne soit pas obligée, car alors de deux choses l'une : ou elle n'aura pas été consultée, ou, consultée, elle aura refusé son concours ; dans tous les cas, elle doit rester étrangère à l'acte et à ses suites.

Mais, dites-vous, il vaut mieux éviter à la femme

les occasions de s'engager. — Soit ; mais vous conjurez le péril par un singulier moyen : car, pour éviter que son mari ne la ruine, c'est à lui, et à lui seul que vous allez confier sa fortune. N'est-ce pas là brûler sa maison par crainte de l'incendie? ou mieux, n'est-ce pas la surmonter d'un paratonnerre dépourvu de chaîne conductrice?

Si vous voulez absolument protéger la femme, *ramenez-la aux carrières* du sénatus-consulte velléien ; vous ferez ainsi du progrès en arrière.

Mais, si vous respectez la philosophie du Code, laissez à la femme sa liberté ; elle y gagnera en considération et le mariage en dignité.

On peut concevoir une législation où le mari ne serait plus le seul gérant sans contrôle et sans contrepoids de la société conjugale, où la femme aurait un certain droit d'investigation, de veto ou quelque autre plus formel. Dans ce cas on comprendrait que la responsabilité fût partagée et que la femme n'eût aucun droit de préférence sur les créanciers à raison de son avoir confondu dans la masse. Mais, tant que le rôle de la femme sera purement passif, la loi devra garantir son avoir de toute atteinte.

Il nous reste à faire valoir une dernière considération.

A l'époque du Code civil, et surtout dans les temps antérieurs, la richesse mobilière n'avait pas acquis les immenses développements créés par l'industrie moderne : aussi tout ce qui, dans nos codes, a trait à cette nature de biens, n'est plus en rapport avec les nécessités nouvelles ; la législation du Code civil se ressent singulièrement de l'état d'infériorité dans lequel se trouvait alors la fortune mobilière, et c'est ce qui explique son défaut de précision sur la question qui nous occupe : aussi avons-nous dû essayer de nous pénétrer de son esprit pour suppléer à ce que le texte pouvait avoir d'insuffisant.

Pour juger de l'esprit d'une législation, il faut la considérer dans son ensemble, en rapprochant et comparant ses diverses parties. Vous voulez ne pas nuire au crédit du mari, et vous refusez à la femme un prélèvement privilégié sur les valeurs mobilières qui sont dans les mains du mari. Mais voyez donc comme le législateur de 1804 s'en est peu préoccupé, quand il donne à la femme une hypothèque générale, indéterminée, occulte, c'est-à-dire, trois fois privilégiée sur tous les immeubles présents et à venir du mari. Alors, cependant, la fortune immobilière tenait, et de beaucoup, le premier rang ; c'est elle qui absorbait toute la sollicitude du législateur, et il ne craignait pas de la grever tout entière dans les mains du mari, quelque considérable qu'elle fût, quelque infimes que fussent les reprises de la femme. N'est-ce pas la preuve palpable d'une sollicitude exagérée et poussée, on peut le dire, jusqu'à l'excès, quand il va jusqu'à décréter que cette hypothèque générale ne pourra jamais être réduite sans le consentement de la femme ?

Et qu'on le remarque bien, pour établir cette hypothèque si favorisée, le législateur devait sacrifier deux fois son système hypothécaire que, par une heureuse innovation, il fondait sur la publicité et la spécialité.

Comment donc concilier, d'un côté, ces précautions extrêmes au détriment des créanciers hypothécaires du mari, et, de l'autre, une absence complète de garantie au grand avantage de ses créanciers chirographaires? La femme aurait le droit de s'emparer, par préférence à tous autres, de la chose personnelle du mari, de son bien patrimonial, et on lui refuserait le prélèvement privilégié sur la masse indivise de ce qui a été confondu dans cette masse et qui n'a pu cesser d'être sien, malgré la confusion!

A cette inconséquence, que vous attribuez au législateur, prêtez-lui donc encore cette imprévoyance : il aura sans doute oublié que le mari pouvait n'avoir pas d'immeubles ou n'en avoir que d'insuffisants, et dans cette situation, il aura voulu laisser la femme désarmée vis-à-vis des créanciers sur la masse mobilière! Est-ce donc admissible? Et n'est-il pas plus naturel de penser que l'hypothèque légale n'a été établie que comme garantie subsidiaire pour le cas où la femme, par son prélèvement de copropriétaire sur la masse mobilière, ne serait pas intégralement désintéressée?

En deux mots, résumons-nous :

La femme du commerçant, régie par une législation spéciale, plus rigoureuse, parce qu'elle est plus soigneuse du crédit du mari, ne sera jamais préférée, sur la masse mobilière, aux créanciers du mari ou de la communauté.

Mais la femme du non-commerçant exercera sur cette masse, et à titre de propriétaire, aussi bien vis-à-vis des créanciers que du mari, le prélèvement des valeurs fongibles qui y auront été confondues de son chef.

FIN.

www.ingramcontent.com/pod-product-compliance
Ingram Content Group UK Ltd.
Pitfield, Milton Keynes, MK11 3LW, UK
UKHW020526230726
13925UKWH00005B/2241

9 782013 440202